für Martina

Thomas Weil

Freundlich währt am längsten
Wie Sie Menschen für sich gewinnen
ROMPC® live

MEW Medienedition Weil e.K.
Bibliografische Information
der Deutschen Bibliothek

Die Deutsche Bibliothek verzeichnet
diese Publikation in der
Deutschen Nationalbibliografie
Detaillierte bibliografische Daten sind im Internet
unter http://dnb.ddb.de abrufbar.

Satz und Design: MEW Medienedition Weil e.K.
Druck: Pro BUSINESS GmbH, Berlin

Bildquellennachweis:
Titelseite: © Sandy Schulze – Fotolia.com
Seite 14 © António Duarte – fotolia.com
Seite 31 © MEW Medienedition Weil e.K.
Seite 43 © MEW Medienedition Weil e.K.
Seiten 49–51 © MEW Medienedition Weil e.K.
Seiten 63–67 © MEW Medienedition Weil e.K.

ISBN 978-3-940500-03-8

Inhalt

Vorwort

Manche Themen erschließen sich einem Referenten erst auf den zweiten Blick. So ging es mir, als ich jüngst angefragt wurde, eine Referat zum Thema „Freundlichkeit" im Rahmen der jährlichen Klausurtagung des Instituts „TA in Luzern" auf dem Schwarzenberg in der Schweiz zu übernehmen. Dieses Thema lag mir irgendwie quer. Große Mühe hatte ich, mir den tieferen Sinn dieses Auftrags zu erschließen, zu dem ich bereits „ja" gesagt hatte. Mehr noch: Je länger ich über die Sache mit der Freundlichkeit nachdachte, desto größer wurde meine Abneigung, den gewünschten Beitrag zu leisten. Und dies obwohl ich mich gleichzeitig darauf freute, zusammen mit liebenswerter Kolleginnen und Kollegen, diese Tagung zu leiten und durchzuführen. Bei dem Gedanken an „Freundlichkeit" stieg Unbehagen und Aggression in mir auf. Woran lag das wohl? – fragte ich mich.

Als Kind war ich bemüht, stets brav und nett zu sein. Ich hatte es noch gelernt, Erwachsene mit einem Diener zu begrüßen, die Hand zu geben und „Widerworte" – wie es damals hieß – gegenüber Älteren zu unterlassen. Kurz: Ich war ein „freundliches" Kind.

Diese Fähigkeit hatte mir damals viele Vorteile eingebracht: Ich wurde dafür gemocht. Diese Fähigkeit ist in Situationen, in denen ein gewisses diplomatisches Geschick gefragt ist, auch heute noch durchaus von Vorteil. Doch als „braves Kind" fiel es mir lange Zeit schwer, mich zu wehren – jedenfalls dann, wenn das mal nötig war. In Auseinandersetzungen mit anderen fiel es mir schwer, mich aggressiv zu behaupten, um erfolgreich zu sein.

Es fiel mir schwer, meine eigenen Interessen mit dem gebotenen Nachdruck oder gegebenenfalls auch mit Ärger unmissverständlich zu vertreten. Zu tief wurzelte die erlernte Grundüberzeugung: „Nur als freundliches Kind hat man mich lieb."

Erst im Laufe meines eigenen therapeutischen Wachstumsprozesses entdeckte ich, dass freundlich, brav und nett zu sein, nicht immer das geeignete Mittel ist, um gesteckte Ziele zu erreichen und sich bei Zeitgenossen den gebührenden Respekt zu verschaffen, den man verdient. Ich lernte, „nein" zu sagen und entwickelte eine gewisse Durchsetzungskompetenz. Ich begann, den Ärger, den ich empfand, nicht mehr zu schlucken, sondern gelegentlich zum Missfallen meiner Umwelt auch zu zeigen. Das hat mir gut getan, und das tut mir auch heute noch gut.

Dieser Entwicklungsprozess war mit einigen Mühen und Rückschlägen verbunden. Deshalb also löste die Sache mit der Freundlichkeit, bei meinem „inneren Kind", das stets freundlich, brav und nett sein musste, heute noch einen gewissen Unmut aus.

Sollte ich etwa jetzt als Referent dafür eintreten und werben, in diesem beschriebenen einschränkenden Sinne freundlich zu sein? Sicher nicht!

Im Umgang mit meinen Klienten und Kunden lege ich großen Wert auf die gebotene Höflichkeit. Denn dies ist die Basis für eine vertrauensvolle Zusammenarbeit.

In meinen Seminaren für Führungskräfte und Mitarbeiter von Unternehmen trainiere ich kundenorientierte Kommunikation und zeige, wie man andere Menschen für sich gewinnt.

Als ROMPC®-Therapeut, -Berater und -Coach begegne ich Menschen mit einer Haltung von Wertschätzung und Akzeptanz. Denn eine entsprechende Gestaltung der professionellen Beziehung ist die Voraussetzung dafür, dass die angestrebten Wachstumsprozesse gelingen.

Ich genieße Humor und mag es humorvoll auf eigene und fremde Schwächen zu blicken und in diesem Sinne an die Lösung von Schwierigkeiten und Problemen heran zu gehen. Denn dann macht es Spaß, Lösungen zu entwickeln und sich zu verändern. Und oft gelingt es auch noch, den deprimierenden „Ernst des Lebens" erfolgreich zu überlisten.

Höflichkeit, Kundenorientierung, Wertschätzung, Akzeptanz und Humor – sind diese Gesten nicht allesamt Gesten der Freundlichkeit?

In der Beschäftigung mit dem genannten Thema, dem Thema der „Freundlichkeit", wurde mir klar, dass der Begriff, um den es hier ging, durch meine eigenen lebensgeschichtlichen Erfahrungen so negativ besetzt war, dass ich ihn stets zu vermeiden versuchte und synonyme Bezeichnungen oder alternative Beschreibungen an seine Stelle setzte. Denn „Freundlichkeit" – das hieß für mich: stets brav und nett sein zu müssen.

Aus den Fesseln dieser zwanghaften Freundlichkeit hatte ich mich glücklicherweise befreit. Dorthin wollte ich nicht mehr zurück. Deshalb wirkte allein das Wort „Freundlichkeit" wie ein Trigger, der limbische Reaktionen des Unbehagens und der Aggression in mir wach rief.

Jetzt also stellte sich mir die Frage, wie der biografisch so negativ besetzte Begriff der Freundlichkeit von seinen negativen emotionalen Besetzungen befreit und neu gefasst werden konnte. So neu, dass er nicht länger im Sinne von einschränkenden Grundüberzeugungen missverstanden und missbraucht werden kann. So neu, dass er sein beziehungsstiftendes Potenzial endlich wirklich entfaltet. Jedenfalls immer dann, wenn es darum geht, andere Menschen für sich zu gewinnen. Wenn es darum geht, im menschlichen Miteinander Freude zum Ausdruck zu bringen und miteinander etwas zum Lachen zu haben.

Wenn ich in meinem Alltag immer wieder in Gesichter blicke, die das Lachen verlernt haben, dann weiß ich, dass die Betreffenden schon lange Zeit keine Freundlichkeit mehr erfahren haben. Weil es mich immer wieder schmerzt, erleben zu müssen, um welche Lebensqualität wir uns bringen, wenn wir uns diese Freundlichkeit vorenthalten und weil in der Freundlichkeit, die wir einander zuteil werden lassen, der Schlüssel für unsere Zukunft liegt, deshalb habe ich dieses Büchlein geschrieben: „Freundlich währt am längsten" ist ein Plädoyer für ein Thema, das uns die Freude am Leben erhalten und wieder zurück bringen kann.

Freundlichkeit hat viele Gesichter. Zu allererst kann sie als eine innere Haltung der Offenheit und der Zugewandtheit begriffen werden, bei der die Beziehungsbedürfnisse anderer Menschen wahrgenommen, geachtet und beantwortet werden. Diese Freundlichkeit kann fröhlich und ernst sowie erlaubend und gelegentlich auch begrenzend sein.

Eine Geste der Freundlichkeit ist der Dank. Der Dank an Menschen, denen ich etwas zu verdanken habe. Deshalb möchte ich an dieser Stelle meinen beiden Kollegen, Margot Ruprecht Hagmann und Benno Greter, vom Institut „TA in Luzern" dafür danken, dass sie mich als Referent für das genannte Thema engagierten, ohne zu wissen, welchen irritierenden und zugleich heilsamen Prozess sie dabei in mir auslösen würden.

Ich danke meinen Freunden und Kollegen, die mir immer wieder Freundlichkeit erwiesen und erweisen sowie meinen Klienten und Kunden, die mir in den vergangenen Jahren ihr Vertrauen schenkten. Allen, die mich mit ihrer Freundlichkeit ansteckten und die sich von meiner Freundlichkeit anstecken ließen – sei es in privaten oder in beruflichen Zusammenhängen.

Und – nicht zuletzt danke ich meiner Frau Martina, die mit der großen Freundlichkeit ihrer Liebe mein Herz berührte und immer wieder berührt. Ihrer Freundlichkeit habe ich zu verdanken, dass ich so manche Höhen und Tiefen der letzten Jahre zusammen mit ihr erfolgreich meistern konnte.

Durch ihre Freundlichkeit hat Martina einen entscheidenden Beitrag dazu geleistet, dass ROMPC®, das Verfahren, das wir gemeinsam entwickelt haben, zu einer „Therapie des Herzens" werden konnte.

Kassel im Juli 2010

Thomas Weil

Einleitung

Ein indisches Märchen erzählt von einem Hund, der in ein Zimmer gesperrt war: In diesem Zimmer waren die Wände des Raums mit Spiegeln verkleidet. Beim Blick in die Spiegel sah der Hund plötzlich ganz viele Hunde. Da wurde er wütend. Er fletschte die Zähne und knurrte. Alle Hunde im Spiegel wurden ebenso wütend, fletschten die Zähne und knurrten. Da erschrak der Hund und fing an, panisch im Kreis herumzulaufen. Schließlich brach er völlig entnervt und erschöpft tot zusammen.

Hätte er nur ein einziges Mal freundlich mit seinem Schwanz gewedelt, so hätten ihm alle seine Spiegelbilder dieses freundliche Bild zurückgeworfen. Er hätte Freunde gefunden – und: er wäre sicher noch immer am Leben.

Die Freundlichkeit, mit der wir auf andere zugehen, kehrt schließlich zu uns zurück: Freundlich gewinnen wir andere Menschen für uns. Diese alte Weisheit wird durch moderne Erkenntnisse der Hirnforschung bestätigt. Erkenntnisse, die für das innovative Verfahren ROMPC® im Umgang mit Menschen in therapeutischen und außertherapeutischen Anwendungsfeldern sowie im Business unverzichtbar wurden.

Das limbische System

„Cogito, ergo sum" – „Ich denke, also bin ich",
sagte der französische Philosoph René Descartes
und läutete damit im 17. Jahrhundert die Zeit der
Aufklärung ein. Damit gab er der kognitiven Intelli-
genz den Vorzug, die den Menschen erst zum
Menschen und damit zur „Krone der Schöpfung"
macht. Descartes tat das, ohne zu wissen, dass er
von jenen intelligenten menschlichen Fähigkeiten
sprach, deren Ursprung – hirnarchitektonisch
betrachtet – im Neo-Kortex, dem Großhirn ange-
siedelt ist. Der entwicklungsgeschichtlich jüngsten
Erfindung der Natur in unserem Kopf.

Der Neo-Kortex – respektive das sog. "Frontalhirn"
innerhalb dieses Hirnareals – verleiht uns die
Fähigkeit, logisch zu denken, Probleme zu analy-
sieren, Strategien zu entwickeln und Lösungen
planmäßig umzusetzen. Ohne diese Fähigkeit
könnte ich dieses Buch nicht schreiben, und Sie
könnten dieses Buch nicht lesen – und schon gar
nicht verstehen.

Auf diesen denkenden Teil unseres Gehirns sind
wir besonders stolz, lässt er uns doch über die
anderen Lebewesen des Tierreichs erhaben
erscheinen. Diesen Teil unseres Gehirns trainieren
wir immerfort, indem wir zur Schule gehen, Ausbildungen absolvieren, Vorträgen lauschen und uns
für das eigene Wohl und das Wohl der anderen
Menschen einsetzen. Diesem Teil unseres Gehirns
vertrauen wir meistens eher als den emotionalen
Befindlichkeiten, die wir manchmal mehr und
manchmal weniger in uns wahrnehmen und spüren.

Die Einfluss-und Steuerungsmöglichkeiten unseres Frontalhirns sind jedoch begrenzt: Immer dann, wenn unsere Gefühle mächtig werden, wenn Angst uns packt und wenn die Lust oder Unlust gewissermaßen zum Vater unserer Gedanken werden. Immer dann, wenn der Stresspegel steigt. Dann kann es passieren, dass das limbische System die Hoheit ergreift und die Vernunft schon lange nicht mehr der Souverän unseres Handelns ist. Dann sind wir mit dem, was wir tun, mitunter den Tieren näher, als uns lieb ist.

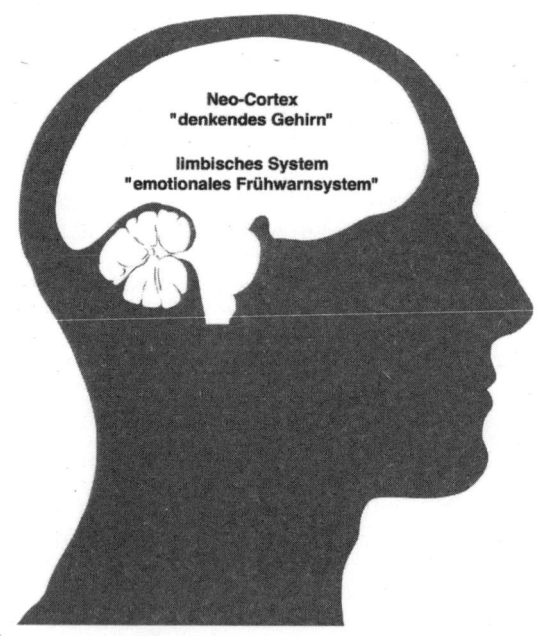

Neo-Cortex
"denkendes Gehirn"

limbisches System
"emotionales Frühwarnsystem"

Das limbische System ist das emotionale Bewertungssystem, das uns zusammen mit den anderen Säugetieren von den Reptilien unterscheidet.

Das limbische System wird deshalb auch als „Säugetiergehirn" bezeichnet. Dieser Teil unseres Gesamtgehirns ist ein eigenständiges Hirnsystem, das auf äußere und innere Reize reagiert. Und zwar so rasch, dass lange bevor die kognitive Zentrale unseres Großhirns, das Frontalhirn, einen klugen Gedanken zu fassen vermag, das limbische System die gegebene Situation bereits erkannt und bewertet hat – und zwar nach einem einfachen „Strickmuster": „Freund oder Feind" bzw. „Angriff oder Flucht".

Das limbische System ist ein Alarmsystem, dem unsere animalischen Vorfahren und auch wir selbst das Überleben zu verdanken haben. Es ist dazu da, bei Gefahr die erforderlichen Entscheidungen rechtzeitig zu treffen und die lebenserhaltenden bzw. lebensrettenden Maßnahmen sofort einzuleiten.

Innerhalb des limbischen Systems sind es vor allem die sog. "Spiegelneuronen", jene intelligenten Nervenzellen, die uns die Fähigkeit verleihen, die Freundlichkeit oder Feindseligkeit unseres Gegenübers zu "wittern" und die Weichen dafür zu stellen, ob wir dem anderen Menschen mit Gefühlen der Sympathie oder Antipathie begegnen. Lange bevor eine bewusste Reaktion bzw. eine bewusste, das heißt: kognitive, Auswertung der aktuellen Situation erfolgt.

Deshalb hat der Satz „Der erste Eindruck entscheidet" eine hohe limbische Wahrheit. Und wenn wir die gute Intuition unseres limbischen Systems wirklich ernst nehmen, dann bleiben uns böse Überraschungen häufig erspart.

Vielleicht erinnern Sie sich so wie ich an Situationen, in denen Sie die Vorahnungen Ihres limbischen Systems missachtet und übergangen haben, weil Sie sich bei den Entscheidungen, die Sie trafen, nur von vernünftigen Argumenten und Überlegungen, anstatt von Ihrem sog. „Bauchgefühl" leiten ließen. Private Entscheidungen, berufliche Entscheidungen: Ich habe mehr als einmal „Lehrgeld" gezahlt, obwohl ich von Anfang an intuitiv, – das heißt: limbisch – wusste, wie hoch das Risiko war, das ich einging und wie wahrscheinlich die Enttäuschungen sein würden, die mich später tatsächlich ereilten.

Solange ich der denkenden Vernunft mehr vertraue als meiner limbischen Intuition, lasse ich jene archaische Quelle des intuitiven Wissens außer Acht, die unser limbisches System für uns bereit hält. Wer die intuitiv-emotionalen Reaktionen seines limbischen System missachtet und übergeht, den holt es früher oder später ein.

Die Spiegelneuronen

Die Natur hat uns mit „Spiegelneuronen" ausge-
stattet, die uns – neurobiologisch, das heißt:
hardware-technisch betrachtet – überhaupt erst in
die Lage versetzen, Mitgefühl zu entwickeln und
beziehungsfähig zu sein, wie Joachim Bauer sagt.

Spiegelneuronen sind intelligente Nervenzellen, die
im Gehirn beim Gegenüber einer Person ähnliche
Reaktionsmuster auslösen, wie sie bei der Person
selbst beobachtet werden können. Dabei handelt es
sich um einen Vorgang, der willkürlich kaum
beeinflusst werden kann und der wenn überhaupt
den Betreffenden erst nachträglich bewusst wird.

Immer wieder kann man beobachten, dass sich
Gesprächspartner in Körperhaltung, Mimik und
Gestik, in ihrer Tonalität und sogar in der Art und
Weise des Atmens aufeinander beziehen und in
einen wechselseitigen Anpassungsprozess miteinander treten. Ein Redner, der einen „Frosch im
Hals" hat, kann bei seinen Zuhörern ein Druckge-
fühl im Hals, ja sogar Heiserkeit provozieren, so
dass sich die Hörerschaft vermehrt räuspern muss.

Wenn uns jemand gegenüber sitzt, der von innerer
Hektik getrieben flach und kurz atmet, können wir
mitunter die Last des Gegenübers als Schwere auf
der eigenen Brust wahrnehmen, und wir spüren den
Drang, selbst tief zu seufzen. Und wenn uns
jemand begeistert davon erzählt, was er am vergangenen Wochenende erlebt hat, dann kann der
„Funke" seiner Begeisterung auch auf uns über-
springen und unsere eigene Stimmung positiv verändern.

Das Gähnen des anderen macht uns müde. Sein
Lachen steckt uns an.

Dass das so ist, dafür sind die Spiegelneuronen verantwortlich. Nervenzellen, die „resonanzfähig" sind und die uns in die Lage versetzen, uns mit unseren Mitmenschen zu identifizieren und ein Stück weit in den „Schuhen des Anderen" zu gehen.

Spiegelneuronen befinden sich in Resonanz zu den Handlungs-Modellen anderer Menschen. Sie legen diese Modelle im Gehirn ab – und zwar unabhängig davon, ob die sog. "Handlungs- und Bewegungs- neuronen" diese Modelle früher oder später zur Ausführung bringen oder nicht. Dabei spielt es keine Rolle, ob sich die abgelegten Modelle als hilf- reich oder schädlich erweisen. Dass diese Modelle als Optionen abgelegt werden, dagegen sind wir machtlos, weil dieser Vorgang keiner bewussten Frontalhirn-Kontrolle unterliegt.

Wir sind also - limbisch gesehen - höchst beein- flussbar im Hinblick auf die Reize, die wir aus unserer Umgebung beziehungsweise von unseren Mitmenschen empfangen. Dies gilt natürlich auch für die Signale der Freundlichkeit, genauso wie für die Signale der Feindlichkeit.

Die Freundlichkeit, mit der wir einem Menschen begegnen, hinterlegt bei dieser Person ein sog. "Freundlichkeitsmodell". Handlungs- und Bewe- gungsneuronen können auf dieses hinterlegte Mo- dell der Spiegelneuronen zurückgreifen, um irgendwann das auszuführen, was bereits hinter- legt worden ist: nämlich die modellhaft erfahrene Freundlichkeit mit Freundlichkeit zu erwidern.

Im Klartext heißt das: Auch wenn nicht jedes hin- terlegte Freundlichkeitsmodell dazu führen wird, dass die Freundlichkeit, die wir anderen erweisen, unmittelbar erwidert wird, kann unsere Freundlich- keit jedoch erst gar nicht erwidert werden, wenn

nicht zuvor das Modell der Freundlichkeit im limbischen System unseres Gegenübers durch uns hinterlegt worden ist.

Freundlichkeit, die wir anderen erweisen, ist also
eine „Investition in die Zukunft". Eine Investition,
die meist nicht viel kostet. Manchmal reicht dazu
ein Lächeln. Eine Investition, die sich allerdings
lohnt, weil der sog. „return on invest" in der Regel
nicht ausbleibt.

Modelle der Freundlichkeit

Wir leben in keiner paradiesischen Welt. Im Laufe unserer Lebensgeschichte haben wir einige Unfreundlichkeiten erfahren und so manche Feindseligkeit einstecken müssen: Wir lernten Menschen kennen, die uns mit Ablehnung und Vorbehalten begegneten. Andere haben uns vorsätzlich oder auch unbedacht gekränkt.

Vor dem Hintergrund dieser Unfreundlichkeiten haben wir Kränkungen und Verletzungen erlitten. Und von einigen dieser Verletzungen und Kränkungen haben wir uns bis heute noch immer nicht erholt. Manchmal genügt ein Reizwort oder ein ganz bestimmter Blick, kurz: ein Trigger, um die belastenden emotionalen Erfahrungen unserer Lebensgeschichte wieder emporschnellen zu lassen. Dann sind wir im Kontakt mit den Modellen der Unfreundlichkeit, die ihre Spuren in unserem limbischen System hinterlassen haben. Dann fühlen wir uns wie damals. Und es tut uns noch immer weh.

„Die Zeit heilt alle Wunden", sagt man. Leider trifft dies nicht immer zu: Wenn Wunden geschlagen werden und die begleitenden Gefühle der Ohnmacht heftig sind und wenn der negative Stress für uns unkontrollierbar wird, dann kann sich unser limbisches System nicht immer aus eigenem Antrieb emotional von dem Schmerz distanzieren, der ihm zugefügt wird. Dann bleiben wir auf diesen Verletzungen innerlich „sitzen". und es kommt zur sog. „limbischen Blockade".

Unangenehme Erfahrungen erinnern wir meistens leichter als die positiven Erfahrungen der Freundlichkeit, die wir zweifelsohne ebenfalls erlebt haben müssen. Denn sonst hätten wir unsere Lebensgeschichte bis zum heutigen Tag nicht überlebt.

Ja, die Modelle der Freundlichkeit müssen in unserem Leben sogar nachhaltiger gewesen sein und nachhaltiger auf uns gewirkt haben. Denn sonst wären wir nicht zu den Menschen geworden, die wir jetzt sind. Und wir haben allen Grund dazu, stolz auf das zu sein, was uns ausmacht und wer wir sind.

Unsere limbischen Blockaden sind dafür verantwortlich, dass wir auf die Modelle der Freundlichkeit, die wir erfahren haben, manchmal keinen Zugriff haben, obwohl wir sie als kostbare Ressourcen in uns tragen. Limbische Blockaden sind die Ursache dafür, dass wir das Negative leichter erinnern als die positiven Beziehungserfahrungen, die unser Leben in Wirklichkeit bereichert haben.

Bitte fragen Sie sich:

- Von welchen Verletzungserfahrungen kann ich mich innerlich schlecht distanzieren?
- Welche längst vergangenen Kränkungen sind mir immer noch nahe?
- Welche negativen Beziehungserfahrungen verfolgen mich mitunter bis in den Schlaf?
- Worüber bin ich verbittert?

Was immer die unangenehmen Erinnerungen sein mögen, unter deren Bann Sie noch stehen, finden Sie jetzt für jedes Szenario eine geeignete Überschrift bzw. einen Titel. Und während Sie an diesen Titel denken, führen Sie bitte folgende ROMPC®-Selbstbehandlung für sich durch:

- Reiben Sie zunächst Ihre neurolymphatische Reflexzone links über Ihrem Herzen im Uhrzeigersinn, und sprechen Sie dabei dreimal: "Ich akzeptiere mich voll und ganz, auch wenn mir diese Verletzung noch immer weh tut."

- Klopfen Sie dann den Meridianpunkt auf Ihrer linken oder rechten Augenbraue in der Nähe der Nasenwurzel, und sprechen Sie dabei dreimal: „Ich lasse alle Kränkungen zu, die mich noch immer belasten, um sie jetzt los zu lassen."
- Klopfen Sie anschließend den Meridianpunkt auf der Knochenkante Ihres linken oder rechten Augenwinkels, und sprechen Sie dabei dreimal: „Ich lasse alle Wut und allen Ärger zu, die mich noch immer belasten, um sie jetzt los zu lassen."
- Klopfen Sie jetzt den Meridianpunkt unter Ihrem linken oder rechten Augen, und sprechen Sie dabei dreimal: „Ich lasse alle Ängste und Befürchtungen zu, die mich noch immer belasten, um sie jetzt los zu lassen."
- Klopfen Sie schließlich den Meridianpunkt an der Innenseite des obersten Fingergliedes Ihres linken oder rechten kleinen Fingers, und sprechen Sie dabei dreimal: „Ich lasse meine Verletzungen zu, um sie jetzt los zu lassen. Ich lasse diejenigen, die mich verletzt haben, innerlich ziehen und mit ihnen all meine Verbitterung, durch die ich mich so lange an sie gebunden habe."

Am Ende dieses Buches finden Sie eine erläuternde Übersicht aller Meridianpunkte, die bei der sog. „Klopfakupunktur", einer Technik, die auch im ROMPC® angewandt wird, von Ihnen genutzt werden können.

Dieses ROMPC®-Selbstbehandlungsritual, das Sie bedarfsorientiert wiederholen können, kann Ihnen dabei helfen, sich von emotionalen Belastungen der Vergangenheit zu lösen und Ihre limbische Blockade zu beseitigen.

So haben Sie Ihren Kopf und Ihr Herz wieder frei, um sich den positiven Lebenserfahrungen zuzuwenden. Den positiven Erfahrungen, die Sie zweifelsohne in Ihrem Leben gemacht haben: Ihren Modellen der Freundlichkeit, die Ihnen in Ihrem Leben zuteil wurde.

Wenn wir anderen Menschen mit Freundlichkeit begegnen wollen, dann sind die Modelle der Freundlichkeit, die wir in uns tragen, kostbare Ressourcen, die wir anzapfen können, um das schon längst erfundene Rad nicht von Neuem erfinden zu müssen.

Umso wichtiger ist es, dass wir uns an diese kostbaren Modelle der Freundlichkeit immer wieder erinnern und uns ihrer immer wieder auf´s Neue vergewissern.

In diesem Sinne fragen Sie sich bitte:

- Wer ist mir in meinem Leben freundlich begegnet?
- Was haben diese Person gesagt und getan, und welche positiven Gefühle und Reaktionen habe ich dabei in mir verspürt?
- Wie hat die Freundlichkeit, die ich erfahren habe, mein Leben beeinflusst und gegebenenfalls auch verändert?
- Wann und wo kann und will ich diese Modelle der Freundlichkeit in meinem gegenwärtigen Leben nutzen?
- Zu wem will ich in ähnlicher Weise freundlich sein?
- Was kann ich dazu heute schon tun?

Signale der Freundlichkeit

Freundlichkeit kennt viele Signale. Abhängig von der nationalen Kultur kennen wir zahlreiche Rituale: Begrüßungsrituale, Verabschiedungsrituale, Tischrituale, Trinkrituale und vieles mehr. Diese Rituale schaffen Beziehungssicherheit.

Für die Gattung der Rudeltiere, zu denen die Menschheit gehört, ist das Beachten der spezifischen Rudelrituale essentiell. Denn nur wer sich rudelkonform verhält, der ist Freund und gehört zum Rudel dazu. Wer sich non-konformistisch verhält, katapultiert sich meist rasch ins Aus. Andrerseits wird das Einhalten der kulturellen Gepflogenheiten, das diese Rituale stets regeln, als ein Akt der Freundlichkeit gewertet, während deren Missachtung häufig als offener Affront oder verdeckte Feindseligkeit empfunden wird.

In diesem Zusammenhang sind auch die körpersprachlichen Gesten zu erwähnen, die eine hohe Signalwirkung haben und die dazu beitragen, ob wir als freundlich oder unfreundlich wahrgenommen werden. So signalisieren wir durch freundliches Nicken unsere Zustimmung. Beim Hände Schütteln oder einer Umarmung, zeigen wir etwas von unserer freundlichen Gesinnung und signalisieren zugleich, dass uns der Andere etwas bedeutet. Wenn wir uns freundlich verneigen, zollen wir unserem Gegenüber den gebührenden Respekt. Ebenso gilt der zugewandte Blick als eine Geste freundlicher Wertschätzung.

Das am meisten verbreitete Signal der Freundlichkeit ist das Lächeln. Das Lächeln ist ein kulturübergreifendes Phänomen.

Im menschlichen Miteinander wird das Lächeln und das Lachen als Ausdruck für freundliches Wohlwollen und Einverständnis verstanden. Ein Lächeln kann im wahrsten Sinne des Wortes entwaffnen und entfaltet dadurch eine besänftigende Wirkung. Mit einem Lächeln werden Konflikte de-eskaliert. Mit dem Lächeln wird emotionale Bindung etabliert und das soziale Zusammenleben gefördert.

Lächeln und Lachen, das ist gesund: Wenn wir lachen, werden spezifische neuronale Erregungsmuster aktiviert, die die Ausschüttung von Glückshormonen,den sog. „Endorphinen", begünstigen. Dadurch wird der innere Stress reduziert. Das Wohlbefinden wird gesteigert. Und die Abwehrkraft unseres Immunsystems wird deutlich erhöht.

Zu lächeln und zu lachen ist ein angeborenes Ausdrucksverhalten. Es wirkt geradezu ansteckend und entfaltet deshalb nicht nur, aber vor allem in der Gemeinschaft mit anderen seine oben beschriebene Wirkung.

Lachen ist die natürliche Reaktion auf komische oder erheiternde Situationen. Es erscheint aber auch als Entlastungsreaktion immer dann, wenn Gefahren überwunden wurden oder Angstzustände abgewehrt werden sollen.

"Tränen, die du lachst, musst du nicht weinen", sagt ein Sprichwort. Diesen Umstand macht sich das sog. „Lach-Yoga" zu Nutze, wenn es durch vielfältige Übungen zum Lachen anleitet. Dadurch werden positive neuronale Erregungsmuster angeregt, und die negativen neuronalen Erregungsmuster werden zurückgedrängt.

Walter Birklbauer beschreibt eine dieser Übungen so: "Im Theater oder in der Oper klatschen wir normalerweise auf eine recht unspektakuläre Art und Weise. Nicht so beim Lach-Yoga. Hier werden die Handballen mit leicht gespreizten Fingern zusammengeführt, um zusätzlich die Akupressurpunkte auf den Handflächen zu stimulieren. Zuerst klatschen wir im Rhythmus 1 2 – 1 2 3. Dann ersetzen wir die Zahlen durch Buchstaben, und es ergibt sich: Ho Ho – Ha Ha Ha."

Man mag gegenüber solcherart Übungen einwenden, dass das Lachen, das provoziert wird, nicht ehrlich sei und auch nicht von Innen käme und dass dieses Lachen gekünstelt sei, weil es nur manipulativ ausgelöst werde.

Im ROMPC® verstehen wir jedoch Lachen und Lächeln als einen natürlichen, das heißt: limbischen Stress-Entkoppelungsmechanismus. Deshalb kann es durchaus sehr sinnvoll sein, so zu "tun als ob" es etwas zu lachen gäbe, wie es im Lach-Yoga heißt.

Durch dieses Tun-als-ob wird der eingefrorene Lachreflex wieder freigesetzt. Und die inneren limbischen Blockaden, die uns die Freude am Leben rauben, werden auf spielerische Weise gelöst. Daher folgt das Lach-Yoga einem ungewöhnlichen, aber ernst zu nehmenden Motto: "fake it, until you make it".

Solange wir den Anspruch haben, nur zu lachen, wenn unser Frontalhirn davon überzeugt ist, dass es einen guten Grund gibt, lustig zu sein, dann werden wir wahrscheinlich nur wenig zu lachen haben. Wenn wir jedoch durch unser Lachen das limbische System dazu reizen, jene neuronalen Erregungsmuster zu aktivieren, die die Glückshormone ausschütten, dann wird sich unserer

denkendes Frontalhirn schon bald der Überzeu-
gung nicht mehr entziehen können, dass es letzt-
endlich auch viele vernünftige Gründe dafür gibt,
sich seines Lebens zu freuen.

Wann haben Sie eigentlich zuletzt gelacht?

Wie Freundlichkeit und Unfreundlichkeit den Hirnstoffwechsel beeinflussen

Wenn man uns unfreundlich oder gar mit Feindseligkeit begegnet, steigt unser innerer Stress. Der Alarmgeber innerhalb unseres limbischen Systems, die sog. „Amygdala", schüttet Stresshormone aus. Das bekannteste dieser Hormone ist das „Adrenalin".

Stresshormone werden nicht nur bei Feindseligkeit, sondern auch immer dann ausgeschüttet, wenn sich eine Aufgabe stellt, die wir zu meistern haben und wenn eine Herausforderung darauf wartet, von uns bewältigt zu werden. Die Stresshormone haben eine anregende Wirkung. Sie sorgen dafür, dass ...

- das Herz schneller schlägt,
- Gehirn und Lunge besser versorgt werden,
- unsere Sinne geschärft sind,
- die Leistungsbereitschaft steigt,
- ein Ausgleich herbei geführt werden kann.

Damit die physiologische und psychologische Balance wieder erlangt wird, die durch die zu meisternde Herausforderung beeinträchtigt war. Danach setzt normalerweise die ersehnte Entspannung ein.

Zuviel Stress oder mangelhafte Stressbewältigung machen uns jedoch krank. Die Entspannung bleibt aus. Denn früher oder später – insbesondere dann, wenn der Stress unkontrollierbar wird – entfaltet das Adrenalin im Zusammenhang mit den sog. „Cortisolen" eine geradezu paradoxe Wirkung: innere Abschaltprozesse setzen ein.

Wir können uns nicht mehr konzentrieren. Unsere Leistungsfähigkeit sinkt. Und wir verlieren den Zugriff auf unsere Ressourcen. Das heißt: das, was wir eigentlich können, gelingt uns nicht mehr. Wir sind innerlich blockiert. Und zu allem Überfluss: wir schaffen es nicht, uns emotional von dem zu entlasten, was uns belastet.

Wenn man uns jedoch mit Freundlichkeit begegnet, fühlen wir uns verstanden und akzeptiert.

Unser Gehirn ist ein "soziales Konstrukt", sagt der Neurobiologe Gerald Hüther. Deshalb reagiert es auf Verständnis und Akzeptanz mit der Ausschüttung des auch als "Kuschelhormon" bekannten Neurotransmitters „Oxytocin".

Oxytocin kann gewissermaßen als "Gegenspieler" des Adrenalins und der Cortisole verstanden werden: Es hat eine beruhigende und zugleich entspannende Wirkung. Es löst die Blockaden im limbischen Teil unseres Gehirns, und es befähigt zur emotionalen Distanzierung von dem, was uns belastet. Unter dem Einfluss des Oxytocin steigt unsere Lust auf Beziehung und mit ihr unsere Fähigkeit, soziale Bindungen einzugehen und aufrecht zu erhalten.

Oxytocin macht uns dazu bereit, uns ebenfalls freundlich auf unser Gegenüber zu beziehen. Nur in Beziehungen, die sich durch wechselseitige Anteilgabe und Anteilnahme auszeichnen, ist seelisches Wachstum und die Entwicklung unserer Persönlichkeit möglich. Und eben dazu brauchen wir Andere.

Wozu wir andere Menschen brauchen

Als Rudeltiere sind wir Menschen „beziehungs-hungrige" Wesen. Unser Oxytocinspiegel steigt, wenn unsere Beziehungsbedürfnisse gesehen, gewertschätzt und angemessen beantwortet werden.

Beziehungsbedürfnisse sind Bedürfnisse, für deren Befriedigung wir auf andere Menschen angewiesen sind. Ihre Missachtung führt dazu, dass wir entweder emotional eskalieren oder uns resigniert aus der Beziehung zurückziehen.

Unsere Kindheit ist zwar schon lange vorbei. Doch an dem fundamentalen menschlichen Bedürfnis, andere zu brauchen, um ...

- sich selbst zu finden,
- Mut zu schöpfen und von Ängsten zu lassen,
- sich geborgen zu fühlen und zur Ruhe zu kommen und
- sich zu entstressen,

ändert sich nichts, so lange wir leben. Dies gilt auch dann, wenn wir diese Beziehungsbedürftigkeit bzw. diese Angewiesenheit auf andere Menschen nicht gerne zugeben – zum Beispiel weil wir ...

- niemandem zur Last fallen wollen,
- zu stolz sind, von anderen Hilfe anzunehmen oder
- uns fürchten, von ihnen abhängig zu werden.

Viele Menschen verwechseln Autonomie mit dem heldenhaften Bemühen, alles alleine zu machen und niemand zu brauchen.

Die sich im Gewand dieser vermeintlichen Autonomie versteckende „Pseudo-Autonomie" führt allerdings zu sozialer Entfremdung und krönt den weithin verbreiteten kulturellen Narzissmus und seine beziehungsgestörte Selbstbezüglichkeit. In narzisstischer Selbstbezüglichkeit machen wir uns selbst zum Maß aller Dinge und kreisen dabei doch nur selbstverliebt unentwegt um uns selbst.

Wahre Autonomie hingegen ist die Fähigkeit, sich in wertschätzender Anerkennung wechselseitiger Beziehungsbedürfnisse (Bewusstheit) in freier Wahl (Spontaneität) von einem Du abhängig machen zu können (Intimität).

Als Menschen sind wir auf Beziehung hin angelegt. Wir sind und bleiben von unserem ersten Atemzug bis zum letzten beziehungsbedürftige Wesen und verkümmern in Beziehungslosigkeit und Einsamkeit. Das „Haus des Selbstwerts" mag dies verdeutlichen:

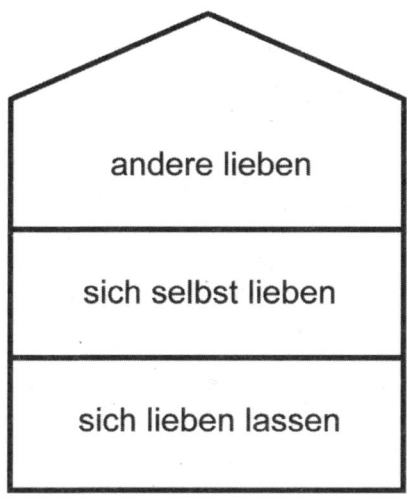

andere lieben

sich selbst lieben

sich lieben lassen

Es ist sicher allgemein unbestritten, dass die Voraussetzung dafür, andere Menschen zu lieben und wertschätzen zu können, die Fähigkeit ist, sich selbst zu lieben bzw. mit sich selbst liebevoll umzugehen. Ein gesundes Selbstwertgefühl und die Fähigkeit, sich selbst zu lieben, brauchen allerdings die Erfahrung, geliebt worden zu sein.

Insofern hat das innere Haus des Selbstwertes nicht – wie wir uns manchmal glauben machen – nur zwei, sondern drei Stockwerke:

- sich lieben lassen bzw. geliebt werden,
- sich selbst lieben,
- andere lieben.

In diesem Zusammenhang spielen die sog. „Beziehungsbedürfnisse" eine entscheidende Rolle: Wenn unser Beziehungshunger gestillt, das heißt: unsere Beziehungsbedürfnisse erkannt und befriedigt werden, dann fühlen wir uns verstanden und mit den anderen Menschen freundlich verbunden. Dann sinkt unser innerer Stress. Und es fällt uns leicht, auch äußeren Stress erfolgreich zu meistern.

Bei den Beziehungsbedürfnissen handelt es sich mit Erskine und Trautman um das Bedürfnis ...

- **nach Sicherheit**
  Essenz:
  – ich will wissen, woran ich bin
  – ich brauche verlässliche Absprachen und
    Regeln

- **nach Vergewisserung**
  Essenz:
  – ich brauche kontinuierliches Feedback
  – ich will, dass Beziehungen Bestand haben

- **nach Grenzen**
  Essenz:
  - ich brauche Schutz vor meinen eigenen
    Übertreibungen
  - ich brauche es, in meinem eigenen destruk-
    tiven Verhalten rechtzeitig gestoppt zu werden

- **nach Bestätigung**
  Essenz:
  - ich will, dass man mir glaubt
  - ich will in meinen Gefühlen und Bedürfnissen
    gespiegelt werden

- **nach Einmaligkeit**
  Essenz:
  - ich möchte in meiner Einmaligkeit und
    Unverwechselbarkeit gesehen werden
  - ich will anders sein und mich von anderen
    Menschen unterscheiden dürfen

- **nach Initiierung durch andere**
  Essenz:
  - ich will nicht immer den ersten Schritt selbst
    tun müssen
  - ich brauche es, dass andere auf mich
    zukommen und mir ein Angebot machen

- **nach Einfluss**
  Essenz:
  - ich möchte etwas bewirken
  - ich will, dass man sich von dem, was ich sage
    oder will, betreffen lässt

- **etwas zu geben**
  Essenz:
  - ich will einen sinnvollen Beitrag leisten
  - ich brauche, dass andere annehmen, was ich
    ihnen gebe

Immer dann, wenn unsere Beziehungsbedürfnisse ein angemessenes Echo erfahren, erleben wir unser Gegenüber freundlich. Und wir sind eher geneigt, die erfahrene Freundlichkeit zu erwidern. Wer uns jedoch im Schmerz unseres Beziehungshungers verharren lässt oder unseren Beziehungsbedürfnissen mit Missachtung begegnet, den erleben wir in der Regel unfreundlich oder unsympathisch und bisweilen geradezu feindselig.

Mit der Befriedigung unserer Beziehungsbedürfnisse haben wir eine individuelle Geschichte: Da gab es Beziehungserfahrungen, in denen wir ein positives Echo auf unsere Beziehungsbedürftigkeit erfuhren und solche, in denen man uns dieses positive Echo verweigerte. Die Verletzungen, die wir hierbei erlitten, haben uns vorsichtig gemacht. Und da wir die Schmerzen, die uns aus unbefriedigenden Beziehungserfahrungen erwachsen sind, künftig vermeiden wollen, haben wir sog. „Schutz- und Schonhaltungen" entwickelt, die Eingang in unseren inneren Bezugsrahmen bzw. unser persönliches Weltbild gefunden haben und dort als „einschränkende Grundüberzeugungen" unser Denken und Fühlen sowie unser Verhalten fortan nachhaltig, das heißt: einschränkend beeinflussen.

Die innere Haltung, mit der wir im Sinne dieser Grundüberzeugungen auf uns, auf die Anderen und auf das Leben blicken, bestimmt die Art und Weise, wie wir unsere Wirklichkeit konstruieren und wie wir die Beziehungen zu anderen Menschen gestalten. Die innere Haltung, von der wir uns leiten lassen, bestimmt unser Verhalten. Deshalb sagen wir auch im ROMPC®: „Die innere Haltung entscheidet." Denn Haltung kommt vor Verhalten.

Im Blick auf Ihre Beziehungsbedürfnisse fragen Sie sich bitte:

- Welche Beziehungsbedürfnisse wurden in meinem bisherigen Leben hinreichend beantwortet?
- Wie ist dies immer wieder geschehen?
- Wie bestimmen diese positiven Beziehungserfahrungen mein gegenwärtiges Leben?
- Im Blick auf welches Beziehungsbedürfnis bin ich besonders leicht kränkbar?
- Wie wurde ich im Blick auf dieses Beziehungsbedürfnis in meinem bisherigen Leben verletzt?
- Wie bin ich bisher mit diesen Verletzungen fertig geworden?
- Wie bestimmen diese negativen Beziehungserfahrungen mein gegenwärtiges Leben?
- Von welchen einschränkenden Grundüberzeugungen lasse ich mich dabei heute noch leiten?
- Was hätte ich gebraucht, um mich mit meinem Beziehungshunger gesehen, verstanden und gewertschätzt zu fühlen?
- Bei welchen Menschen meines Vertrauens habe ich heute die Chance, das zu bekommen, was ich vermisse?
- Wie kann ich diesen Menschen mitteilen, was ich mir von ihnen wünsche?
- Wie könnte ich es schaffen, das zu entwerten, was ich bekomme?
- Werde ich das, was ich bekomme, auch annehmen?

Die innere Haltung entscheidet

Unter dem Stichwort "kundenorientierte Kommunikation" werden Mitarbeiter von Unternehmen geschult, mit ihren Kunden kundenorientiert, das heißt: gewinnend und freundlich umzugehen. Die rhetorischen Handwerkszeuge, die in entsprechenden Trainings vermittelt werden, fokussieren meist auf das korrekte Verhalten im Kundenkontakt.

Freundlichkeit ist aber mehr als ein Verhalten: Freundlichkeit ist eine innere Haltung. Wenn es an dieser freundlich gesinnten inneren Haltung fehlt, wirkt die Freundlichkeit künstlich, unecht und aufgesetzt. Das limbische System, respektive: dessen Spiegelneuronen lassen sich jedoch durch unpassendes "Dauergrinsen" nicht täuschen. Auf mangelnde Glaubhaftigkeit oder Authentizität reagiert unser limbisches System gewöhnlich mit Irritation und Befremden. Wenn die Freundlichkeit zur Masche erstarrt, wirkt sie abstoßend und verfehlt ihre positive Wirkung.

Deshalb gilt: es kommt auf die innere Haltung an. Die innere Haltung entscheidet. Ob wir dies wollen oder nicht, unsere innere Haltung teilt sich stets mit. Wir können die innere Haltung, die wir haben, nicht nicht kommunizieren. Deshalb entscheidet die innere Haltung, die wir haben, maßgeblich darüber, ob man uns unsere Freundlichkeit glaubt oder nicht.

Die Haltung der Freundlichkeit hat in der christlich-abendländischen Tradition, der wir entstammen, eine lange Geschichte: Freundlichkeit ist im Kontext der christlichen Theologie vor allem eine Einstellung Gottes zu den Menschen – nämlich dann, wenn er sich ihnen freundlich erweist. So heißt es in der Liturgie des christlichen Abendmahls bzw. der Eucharistie: "Kommt, denn es ist alles bereitet; seht und schmeckt, wie freundlich der Herr ist."

Als göttliches Attribut ist Freundlichkeit auch schon im Alten Testament bezeugt. So kennt das Buch der Psalmen den in vielfacher liturgischer Form übernommenen Lobpreis "Preiset den Herrn, denn er ist freundlich und seine Güte währet ewiglich."

Wenn wir die Attributierung Gottes als "freundlich" religionspsychologisch betrachten, können wir sie als Projektion eines bedeutsamen kulturellen Wertes der Anhänger einer Glaubensgemeinschaft auf ihre Gottheit begreifen. Daran wird deutlich, welch hoher ethisch-moralischer Rang der Freundlichkeit in der christlich-abendländischen Welt historisch zugemessen wurde.

Umso bedenklicher stimmt es, mit Blick auf unsere Geschichte, respektive: die Kirchengeschichte, feststellen zu müssen, in welch eklatantem Ausmaß dieser bedeutsame christliche Wert der Freundlichkeit immer wieder mit Füßen getreten wurde und auch noch immer wird.

Wenn wir freundlich sein wollen, brauchen wir also mehr als Tools und Know-how. Um die Herausforderungen zu meistern, die sich uns stellen, benötigen wir eine freundliche, das heißt: positive Einstellung gegenüber ...

• uns selbst,
• den anderen und
• dem Leben sowie der jeweiligen Aufgabe, die wir bewältigen wollen.

Diese innere Haltung der Freundlichkeit fördert Motivation und die Bereitschaft, auch dann noch Ausdauer und Engagement zu zeigen, wenn es anstrengend wird, die angestrebten Ziele zu erreichen. Das gilt im privaten Bereich ebenso wie im Beruf.

Unser Denken, Fühlen und Handeln ist in starkem Maße von persönlichen Überzeugungen bestimmt: Wenn wir davon überzeugt sind, dazu fähig zu sein, uns freundlich zu zeigen, fällt es uns leichter, unser Verhalten in diesem Sinne zu ändern. Deshalb gilt die Devise: „Haltung kommt vor Verhalten."

Eine freundliche innere Haltung einzunehmen, fällt uns allerdings nicht immer leicht. Manchmal stehen wir uns mit unseren ...

- einschränkenden Grundüberzeugungen,
- galoppierenden Gruselfantasien und
- superlativistischen Selbstansprüchen

geradezu selbst im Weg. Deshalb fragen Sie sich bitte:

Meine einschränkenden Grundüberzeugungen
Wenn Ihnen eine Aufgabe misslungen ist oder Sie befürchten, einer Herausforderung nicht gerecht werden zu können, was denken Sie in solchen Situationen über sich selbst bzw. was sagen Sie zu sich selbst?

- ich bin .....
- ich bin .....

Was denken Sie in solchen Situationen über andere:
- andere sind .....
- andere sind .....

Was denken Sie in solchen Situationen über das Leben bzw. die Welt:
- das Leben ist .....
- die Welt ist .....

Meine galoppierenden Gruselfantasien
Mit welchen Gruselfantasien haben Sie immer wieder innerlich zu kämpfen?

- Wenn ich meinen inneren Ansprüchen nicht genüge, dann befürchte ich, ...
- Ich fürchte, dass Folgendes passieren wird: ......
- Ich fürchte, dass die anderen so reagieren werden: ......
- Ich fürchte, dass ich als ...... ende

Meine superlativistischen Selbstansprüche
Mit welchen unrealistischen Ansprüchen an sich selbst steigern Sie Ihren inneren Stress – und zwar so, dass er unkontrollierbar für Sie wird?

„Ich bin nur o.k., wenn ich ...
- ich perfekt bin und alles hundertprozentig mache
- schnell bin und mir keine Pause gönne
- stark bin und keine Schwäche zeige
- hart arbeite und es mir niemals zu leicht mache
- es stets allen recht mache

Ihre einschränkenden Grundüberzeugungen, Ihre galoppierenden Gruselfantasien und Ihre superlativistischen Selbstansprüche sind die zentralen Komponenten des hausgemachten Stresses, mit dem Sie sich selbst die „Hölle heiß machen".

Solange die Komponenten des hausgemachten Stresses Ihre inneren Dialoge bestimmen, können Sie als Gefangene Ihrer destruktiven Selbsthypnose nur schwer die innere Haltung der Freundlichkeit einnehmen. Denn die inneren Abwertungsschleifen, in denen Sie dabei gefangen sind, versperren den wohlwollenden Blick auf sich selbst und den zugewandten Blick auf das Du.

Mit den Entkoppelungstechniken des ROMPC® können Sie den Komponenten Ihres hausgemachten Stresses die Energie entziehen und die Immunität ihres limbischen Systems gegenüber diesen destruktiven „Einflüsterungen" erheblich steigern.

Dazu konzentrieren Sie sich auf Ihren größten inneren Stressor, mit dem Sie sich immer wieder die Hölle selbst heiß machen. Klopfen Sie dann etwa 30 Sekunden lang auf den sog. „Thymus-Punkt" in der Mitte Ihres Brustbeins. Sprechen Sie dabei folgende Affirmation, die Sie beständig wiederholen: „Ich lasse los, was mich beschwert." Danach Atmen Sie dreimal tief aus und ein – begleitet von einem hörbaren Seufzer.

Mehr zum Thymuspunkt finden Sie in dem Kapitel „Meridianpunkte für die Klopfakupunktur" im Anhang dieses Buches.

Wie wir uns fremd werden

Der hausgemachte innere Stress, dem wir uns aussetzen, ist ein Reflex auf erlittene Verletzungen bzw. traumatisierende Beziehungserfahrungen. Der quälende Stress unserer inneren Dialoge mündet in selbstbezüglichem Kreisen um uns selbst. Früher oder später führt das zu emotionaler und zu sozialer Entfremdung. So wird es schwer oder unmöglich, eine freundliche Haltung gegenüber uns selbst und den anderen Menschen einzunehmen. Die Gestaltung unserer Beziehung zu anderen Menschen wird zunehmend oberflächlich und flach.

Wenn der innere Stress unerträglich wird, dann fühlen wir uns schlecht. In Anbetracht dieser unangenehmen Gefühle liegt es nahe, das emotionale Unbehagen dadurch „herunterzuschrauben", dass wir aus dem Kontakt zu unseren eigenen Gefühle gehen und diese nach und nach abstellen.

Im Zeichen dieses emotionalen Kontaktverlustes spüren wir unser „Aua" nicht mehr. Und dann tut es uns nicht mehr so weh. Dadurch verlieren wir die Fähigkeit, tiefe Gefühle zu empfinden, tiefe Gefühle wahrzunehmen und tiefe Gefühle zu zeigen. Dieser emotionale Abstumpfungsprozess erfolgt gewöhnlich schleichend und in mehreren Stufen. Wenn wir unser Fühlen für unser Unbehagen verantwortlich machen und die Verbindung zu dem emotionalen Reichtum in uns kappen, über den wir verfügen, dann können wir Freundlichkeit weder spüren, noch annehmen und auch nicht erwidern.

In den beiden folgenden Kapiteln erfahren Sie mehr über den schleichenden Entfremdungsprozess, in dem Sie gegenüber sich selbst und gegenüber den anderen Menschen fremd werden.

Emotionale Entfremdung

Wenn wir den Hahn unserer Gefühle innerlich zu-
drehen, dann spüren wir den Schmerz, der uns
quält, nicht mehr oder nicht mehr in seinem ursprünglichen Ausmaß. Den Schmerz darüber, dass
uns etwas fehlt.

Wir spüren nicht mehr den Ärger, der eine Lösung
kämpferisch herbei zwingen will. Wir spüren nicht
mehr die Trauer und Enttäuschung darüber, im
Stich gelassen worden zu sein. Und wir fühlen
irgendwann auch nicht mehr die Angst, die sich
immer dann einstellt, wenn wir – jedenfalls so lange, wie wir noch nicht aufgegeben haben – einen
Lösungsversuch nach dem anderen vergeblich pro-
bieren. Es scheint, wir hätten jetzt ein Problem
weniger. Es scheint, wir hätten unsere seelische
Immunität wieder erlangt. Ja bisweilen scheint es
sogar, wir seien so unabhängig, dass wir von nun
an keinen anderen Menschen mehr brauchen.
Doch um welchen Preis? Den Preis unserer emotionalen Entfremdung.

Das heißt: in emotionaler Hinsicht sind wir uns
fremd geworden. Und mehr noch: allen anderen,
die eine emotionale Bindung zu uns wünschen,
werden wir fremd und bleiben wir fremd. Der emotionalen Entfremdung folgt die emotionale Entlee-
rung unserer Beziehungen.

Lange dauert es meist, ehe wir aufgeben. Denn der
Weg in die Resignation, in den inneren Rückzug ist
weit. Er ist von vielen Frustrationen gepflastert.
Kleinen und größeren Kränkungen und Verletzungen, die einen gewissen Wiederholungscharakter
haben und die uns nahe legen, in dem Prozess der

"Emotionalen Entfremdung" Stufe für Stufe voran zu gehen. Diese Stufen der emotionalen Entfremdung nehmen meist einen charakteristischen Verlauf.

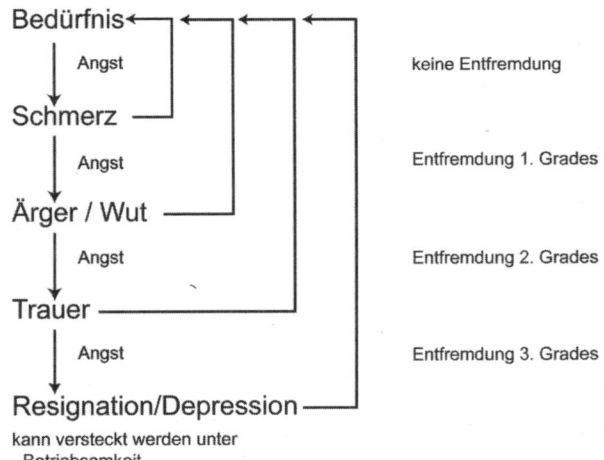

Bedürfnis — keine Entfremdung
↓ Angst
Schmerz — Entfremdung 1. Grades
↓ Angst
Ärger / Wut — Entfremdung 2. Grades
↓ Angst
Trauer — Entfremdung 3. Grades
↓ Angst
Resignation/Depression

kann versteckt werden unter
- Betriebsamkeit
- Heiterkeit
- Selbstmitleid

Wenn uns etwas fehlt, dann tut´s weh

Wenn uns etwas fehlt, dann spüren wir dies in der Regel als Unbehagen oder als Schmerz. In diesem Augenblick folgen wir zunächst einem völlig natürlicher Impuls: mit dem „Aua" nach außen zu gehen und der Umwelt zu signalisieren „Ich brauche etwas von euch". Wenn wir erleben, dass unser Gegenüber mit unseren Bedürfnissen angemessen umgeht, dann beruhigen wir uns. Dann setzt Entspannung ein. Der Stress des Mangels weicht. Wir sind „satt" – und: wir fühlen uns freundlich behandelt.

Kultivierter Ärger als erste Stufe
der emotionalen Entfremdung

Wenn allerdings die Menschen, die wir mit unseren Bedürfnissen und Erwartungen adressieren, keine Notiz von uns nehmen oder sich weigern, auf unsere Bedürftigkeit einzugehen, dann werden wir ärgerlich. Dies kann ein diskreter Ärger oder offen gezeigte Wut sein.

Aggressive Gefühle haben eine wichtige soziale Funktion: Sie wollen – jedenfalls dann, wenn sie zum Ausdruck gebracht werden – der Umwelt nachdrucksvoll zeigen, wie dringlich und wichtig uns die Erfüllung unserer Erwartungen ist. Gleichzeitig folgen sie der inneren Absicht, die Position der Verweigerung beim anderen durch die Konfrontation mit unserem Ärger unattraktiver werden zu lassen. Wenn wir dann ärgerlich erreichen, was wir wollen, kommt es zwar auch zur Entspannung, wenn der Stress des ursprünglichen Mangels weicht. Gleichzeitig haben wir jedoch einen Lernprozess gemacht, der uns sagt: Wir müssen erst ärgerlich werden, um zum Ziel zu kommen.

Kinder, die immer und immer wieder erleben, sie haben nur eine Chance, dass ihre Bedürfnisse Erfüllung erfahren, wenn sie ärgerlich eskalieren, werden irgendwann dazu kommen, immer dann wenn sie etwas brauchen, unmittelbar ärgerlich zu werden, anstatt auf unbefangene und natürliche Weise auf ihre Mitmenschen zuzugehen und die eigenen Erwartungen ins Spiel zu bringen. Diese Menschen hängen gewissermaßen fest auf der ersten Stufe der emotionalen Entfremdung, der Stufe des kultivierten Ärgers. Sie haben gelernt, ihren Ärger als „emotionales Substitut" ihres Schmerzes zu kultivieren. Ein Substitut auf das sie stets dann zurückgreifen, wenn sie ein „Aua" haben oder wenn ihnen etwas fehlt. Jähzornige Menschen sind solche Menschen. Sie haben durch schmerzhafte Erfahrungen gelernt, auf ihre Umwelt nur durch Wut und Ärger Einfluss nehmen zu könne. Sie vergessen, dass man manchmal auch freundlicher, liebevoller und herzlicher zum Ziel kommen kann. Auf der ersten emotionalen Entfremdungsstufe ist der Zugang zur Freundlichkeit durch Ärger verstellt.

Kultivierte Traurigkeit als zweite Stufe der emotionalen Entfremdung

Wenn Kinder erleben, dass ihr Ärger ergebnislos bleibt, dann werden sie meistens traurig. Trauer wird schließlich zum Substitut für den zurück gehaltenen Ärger.

Immer dann, wenn die Betreffenden mit ihren Tränen auf dem Wege des Mitleids, des Bedauerns oder des Trostes doch noch zu einer gewissen Befriedigung ihrer Bedürfnisse gelangen, lernen sie: Ich muss erst traurig sein, um etwas zu bekommen.

Menschen, die bei jedem sich bietenden Stress in Tränen ausbrechen oder von sich selbst zu sagen pflegen, sie seien „nahe am Wasser gebaut", sind solche Menschen, die auf der zweiten Stufe der emotionalen Entfremdung gefangen sind: der Stufe der kultivierten Traurigkeit. Auch sie haben verlernt, sich hoffnungsvoll, unbefangen und natürlich in Beziehung zu setzen, wenn ihnen etwas fehlt. Aber darüber hinaus ist ihnen auch noch der Ärger abhanden gekommen. Und sie haben später Mühe, sich klar zu positionieren oder Durchsetzungskompetenz zu zeigen.

Kultivierte Resignation als dritte Stufe
der emotionalen Entfremdung

Wenn das Echo des Trostes ausbleibt, dann folgt in der Regel bald die Resignation. Eine depressive Verstimmtheit und eine gewisse Leere bestimmt das Bild, das wir von diesen Menschen gewinnen. Meist ziehen sie sich in sich selbst zurück. Und wir können nur noch erraten, was in ihnen vorgeht. Denn sparsam sind sie geworden, wenn es darum geht, etwas von ihrer inneren Befindlichkeit nach außen zu zeigen. Häufig verharren sie in inneren Selbstgesprächen oder überlassen sich tagtraumartigen inneren Bildern, an denen die Außenwelt keinen Anteil erhält und meistens auch keinen Anteil mehr nimmt.

Resignation, Depression und der Rückzug in sich selbst sind die unverkennbaren Charakteristika der dritten Stufe des emotionalen Entfremdungsprozesses. Auf der Stufe der kultivierten Resignation werden sie zum Substitut für die zurück gehaltene Trauer.

Versteckte Resignation

Da sich die mit dieser Stufe einhergehende unangenehme Befindlichkeiten, die Gefühle der Ohnmacht, längerfristig nur schwer ertragen lassen, haben viele Menschen, die auf dieser Stufe verharren, „kreative" Lösungsansätze entwickelt, um ihren wahren innerlichen Zustand vor sich und der Außenwelt zu verbergen.

Hohe soziale Anerkennung findet hierbei die Flucht in die Arbeit und in hektische Betriebsamkeit, wie sie mir bei vielen Führungskräften immer wieder begegnet. Deren verborgene Depression kommt charakteristischerweise immer dann zum Ausbruch, wenn es mal nichts zu tun gibt, wenn sie in Urlaub fahren, wenn sie gesundheitsbedingt an ihre Grenzen stoßen oder wenn der Ruhestand naht.

Eine andere Art, vorübergehend der inneren Leere und Depression zu entgehen, ist der Versuch in zwanghafter Heiterkeit dem Motto „don´t worry, be happy" folgend stets einen flotten Spruch auf den Lippen zu tragen und die Lacher auf seine Seite zu ziehen. Bei genauerem Hinsehen wirkt das Lächeln dieser Menschen meist „eingefroren" oder verkrampft. Und dünn ist das Eis der Fröhlichkeit, auf dem sie sich hierbei bewegen. Aber solange sie ihre Resignation weglächeln können, gelingt es ihnen, sich ein wenig selbst zu trösten und davon abzulenken, wie ihnen wirklich zumute ist. In der Transaktionsanalyse wird dieses Lächeln deshalb auch als „Galgenlachen" bezeichnet.

Eine dritte Möglichkeit, die innere Leere – wenigstens eine Zeit lang zu füllen – ist es, in inneres Selbstmitleid zu gehen und keine sich bietende Gelegenheit auszulassen, um sich selbst zu bedauern. Dieser Vorgang geht in psychosomatischer Hinsicht mit einem Rückgriff auf die körpereigenen Zuckerreserven einher, was mich dazu veranlasst bei dieser Form des Selbstmitleids auch von „süßlicher Melancholie" zu sprechen – einem Lösungsansatz, der den Betreffenden im wahrsten Sinne des Wortes dazu verhilft, sich die innere Depression selbst zu versüßen. Da Zucker hierbei als Anästhetikum wirkt, nutzen die Betreffenden einen wirkungsvollen Mechanismus unseres Organismus, um sich selbst zu betäuben. Die Bereitschaft, an diesem Zustand später etwas zu ändern, sinkt in dem Maß, wie die Abhängigkeit von der körpereigenen Droge fortschreitet.

Bitte beantworten Sie für sich folgende Fragen:

- Auf welcher Stufe der emotionalen Entfremdung hänge ich unter Stress häufig fest?
- Welches sind meine kultivierten negativen „Lieblingsgefühle"?
- Was muss geschehen, damit ich meine ursprünglichen Gefühle und Bedürfnisse wieder zulasse?
- Bei welchen Menschen meines Vertrauens kann ich mir dazu Unterstützung holen?
- Wie gewinne ich die Freundlichkeit für mich selbst wieder zurück?

Soziale Entfremdung

Soziale Entfremdung ist die trauma- und verlet-
zungsbedingte Abwehr gegen eine erfüllende sog.
„Ich-Du-Beziehung".

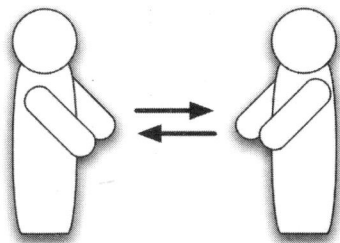

Ich-Du-Beziehung

"Gebranntes Kind scheut das Feuer", sagt man. Wer
von Menschen verletzt worden ist, denen er einmal
vertraute, der ist vorsichtig geworden. Es ist völlig
normal, das man vermeiden will, dass erlittene
Kränkungen und Verletzungen sich wiederholen.
Doch die trauma- und verletzungsbedingten
Schutz- und Schonhaltungen, die wir einnehmen,
hindern uns vielfach daran, neue positive Erfahrungen zu machen.

So mag es zwar zutreffen, dass unsere Beziehungsbedürfnisse in der Vergangenheit nicht oder
nicht so erfüllt worden sind, wie wir es eigentlich
gebraucht hätten und wie es in dieser Zeit unseres
Lebens eigentlich sinnvoll und nötig gewesen wäre.

Es mag sein, dass man uns damals die Chance
nicht gab, die man uns hätte gewähren sollen. Das
jedoch hinderte uns nicht daran, groß zu werden
und zu den Menschen heranzureifen, die wir jetzt
sind.

Der Mangel von einst ist deshalb längst nicht mehr das wirkliche Problem, unter dem wir gegenwärtig leiden. Das gilt auch dann, wenn sich das manchmal anders anfühlen mag und wir im Begriff sind, mit den verpassten Chancen unserer Lebensgeschichte immer wieder zu hadern.

Denn hinter der Abwehrmauer der sozialen Entfremdung versteckt geben wir heute selbst den anderen Menschen, die uns umgeben, keine Chance mehr. Keine Chance, an uns heran zu kommen und uns wirklich nahe zu sein.

So führt die soziale Entfremdung zur sozialen Verarmung, auch wenn im Einzelfall die Menge oberflächlicher Beziehungen, die wir pflegen, uns darüber hinweg zu täuschen vermag.

An die Stelle lebendiger Ich–Du–Beziehung können folgende Abwehrformen, die „Stufen sozialer Entfremdung", treten:

- **Ich–Es–Beziehung**
  Ein Thema wird an Stelle des Gegenübers adressiert: "Liebe ist durchaus ein wichtiges Gefühl. Es kommt darauf an, was man darunter versteht."

Ich–Es–Beziehung

- **Ich-Ich-Beziehung**

  Ich rede mit mir selbst, anstatt mit meinem Gegenüber: "Ich weiß schon. Ich muss es alleine tun. Du kannst mir nicht helfen."

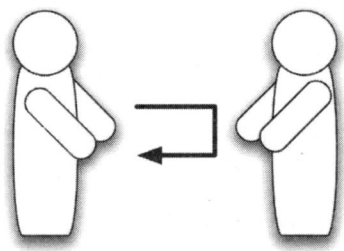

Ich-Ich-Beziehung

- **Pseudo-Beziehung**

  Das Gegenüber wird nur scheinbar adressiert und in Wirklichkeit benutzt oder instrumentalisiert: "Es geht mir nicht wirklich um dich. Denn du bist für mich nur so viel wert, wie du mir nützlich bist."

Pseudo-Beziehung

Der erste Schrei im Leben ist ein Schrei nach Beziehung. Seit wir das Licht der Welt erblickten, haben wir unterschiedliche Beziehungserfahrungen gemacht. Erfahrungen, die uns bereichert und weiter gebracht haben. Und Erfahrungen, die für uns kränkend oder verletzend gewesen sind. Davon war bereits ausführlich die Rede.

Die Vielfalt unserer Beziehungserfahrungen hat ihre Spuren in unserem Leben hinterlassen. In den Beziehungen zu den Menschen, die uns im Verlauf unseres Lebens begegneten, sind wir zu den Persönlichkeiten geworden, die wir jetzt sind. Unverwechselbare und liebenswerte Persönlichkeiten mit all ihren Stärken und Schwächen.

"Wir sind durch Beziehung krank geworden, also werden wir auch nur durch Beziehung wieder gesund." Das ist eine der philosophischen Grundannahmen des ROMPC®, dieses innovativen Verfahrens zur Stressreduktion und für die Traumabewältigung.

Vor dem Hintergrund dieser Grundannahme legen wir als ROMPC®-Therapeuten, -Berater und -Coaches großen Wert darauf, Menschen zu ermutigen, das Risiko der Beziehung, einer lebendigen „Ich-Du-Beziehung" wieder zu wagen. Das heißt: sich auf andere Menschen emotional einzulassen. Die Ich-Du-Beziehung, die sich durch wechselseitige Anteilnahme und Anteilgabe auszeichnet, ist erfüllende und erfüllte Beziehung zugleich.

Heutige Beziehungserfahrungen, die über diese Beziehungsqualität verfügen, können zu einem wertvollen Korrektiv für uns werden: so dass wir durch die Freundlichkeit, die uns zuteil wird, wenn wir sie uns zuteil werden lassen, aus der Umklammerung der Einschränkungen unserer individuellen Lebensgeschichte befreit werden.

Wenn wir uns von der Freundlichkeit der Menschen, die uns freundlich begegnen, wirklich berühren lassen und wenn wir ihnen die Erlaubnis geben, uns zu berühren, dann werden wir in uns selbst die innere Haltung der Freundlichkeit entwickeln, mit der wir ebenfalls freundlich auf andere zugehen können.

Denn nur in lebendiger Ich-Du-Beziehungen definieren wir uns stets neu.

Bitte fragen Sie sich:

- Wodurch stoße ich Menschen, die es gut mit mir meinen, immer wieder vor den Kopf?
- Wie verhindere ich, dass mir andere nahe sind?
- Wie entwerte ich Komplimente, wohlwollende Gesten und positives Feedback?
- Auf welcher Stufe der sozialen Entfremdung bewege ich mich dabei?
- Von wem möchte ich mich eigentlich emotional berühren lassen?
- Wie könnte ich diese Sehnsucht beziehungs- und wirkungsvoll kommunizieren?

Weshalb sich Beziehungsaufwand und Beziehungsrisiko wirklich lohnen

In der Ich-Du-Beziehung begegnen sich Menschen so, dass ihr eigenes Ich am Du des Gegenübers reifen und sich weiter entwickeln kann.

- Wir teilen uns mit, was uns wirklich bewegt.
- Wir beziehen uns aufeinander und gehen proaktiv aufeinander zu.
- Wir verzichten auf selbstverliebte Monologe und lassen uns von dem Beitrag des Anderen anregen und bereichern.
- Wir zollen einander Respekt.
- Wir lernen voneinander und miteinander.
- Wir teilen uns unsere Wünsche und Bedürfnisse mit und lassen uns von dem, was der andere von uns will, persönlich betreffen.

Für die Reifungs- und Entwicklungsprozesse, die in einer Ich-Du-Beziehung möglich und wahrscheinlich sind, werden kreative Neuverschaltungen in unserem Gehirn benötigt. Denn es gibt keine Alternativen des Denkens, Fühlens und Handelns, ohne dass das Gehirn sich gewissermaßen neu programmiert. Dank seiner sog. „Neuro-Plastizität" ist unser Gehirn dazu fähig, sich immer wieder neu zu erfinden – jedenfalls dann, wenn die Voraussetzungen, das heißt: die sozialen Gegebenheiten, hierfür stimmen.

Da unser Gehirn ein soziales Konstrukt ist, sind limbische Lernprozesse im Sinne von neuronalen Neuverschaltungen nur im Rahmen wertschätzender Ich-Du-Beziehungen möglich. In einem Klima von Druck, Repression und Angst, kommt es zu keinen kreativen neuen Verknüpfungen, sondern es werden bestehende Datenautobahnen nur weiter ausgebaut. Wir gehen auf „Nummer sicher". Unter Druck, Repression und Angst sind Kinder zwar dazu imstande, die Bibel oder den Koran auswendig zu lernen. Sie haben jedoch – wenn man es neurobiologisch betrachtet – nicht wirklich etwas Neues gelernt.

"Der Mensch wird am Du zum Ich". Unter diesem Motto charakterisierte der jüdische Religionsphilosoph Martin Buber (1878–1965) die "dialogische Existenz" menschlichen Daseins. Theologisch abgeleitet aus der biblischen Vorstellung der Gottesebenbildlichkeit des Menschen postulierte Buber, das Wesen des Menschen sei schöpfungsgemäß auf Gegenüberschaft, also auf Beziehung hin angelegt.

Unabhängig davon, ob man die theologisch-philosophische Herleitung der Beziehungsbedürftigkeit des Menschen im Einzelnen teilen mag oder nicht, muss man vor dem Hintergrund moderner bindungstheoretischer und entwicklungspsychologischer Erkenntnisse zur Kenntnis nehmen, dass die Entwicklungs- und Lernprozesse des Kindes soziale Prozesse sind: Erst wenn sich das Kind hinreichend im Gegenüber spiegeln kann, findet es schließlich sich selbst und wird am Du der Bezugspersonen zu einem eigenen Ich. An diesem Prozess der Selbstfindung in Gegenüberschaft wird sich auch in unserem erwachsenen Leben später nichts ändern.

Es ist sicher kein Zufall, dass es ein jüdischer Religionsphilosoph war, der die dialogische Existenz menschlichen Daseins beschrieb. Denn in der jüdischen Tradition des „wandernden Gottesvolkes" und in den Riten des Judentums, wie sie bis zum heutigen Tage begangen werden, findet sich etwas von jenem archetypischen Grundwissen der

Menschheit, von dem sich unsere Vorfahren einst leiten ließen. Nomaden, die die Vorzüge der Sesshaftigkeit und der urbanen Kulturen noch nicht kannten. Sie verfügten weder über die modernen Möglichkeiten des Reisens, noch über die Fähigkeit, mit ein paar "fingertips" Kontakt zu nahezu jedermann im globalen Dorf aufzunehmen. Für sie gab es keine Beziehung zum „Nulltarif": Wenn ein Nomade einen anderen treffen wollte, dann bedeutete das einen gehörigen Aufwand, Beziehungsaufwand – manchmal mehrere Tagesreisen weit. Und wenn man an dem Ort angekommen war, an dem man den anderen zu treffen glaubte, konnte es sein, dass dieser bereits weiter gezogen war, so dass die ganze Mühe, der ganze Beziehungsaufwand umsonst war.

Sich auf den Weg zum anderen zu machen, war also nicht nur mit Aufwand, sondern darüber hinaus mit einem gehörigen Beziehungsrisiko verbunden.

In den sesshaften Kulturen der Gegenwart und den schier grenzenlosen Möglichkeiten des Internets, deren Errungenschaften ich wahrlich nicht missen mag, liegt die Illusion nahe, man könne Beziehung ohne Beziehungsaufwand und ohne Beziehungsrisiko, also zum Nulltarif haben. Denn Kontakte sind immer und überall möglich und vor allem jederzeit austauschbar. Die Niederschwelligkeit der Kontaktaufnahme und des Kontaktabbruchs hat zu einer kollektiven Beziehungslosigkeit und der beliebigen Austauschbarkeit von Beziehungen und Beziehungspartnern geführt. Dieser Umstand bietet den Boden für narzisstische Selbstbezüglichkeit und narzisstischen Größenwahn mit dem superlativistischen Anspruchscharakter, wovon bereits vorher die Rede war.

Narzisstische Beziehungsstörungen in ihrer vielfältigen Gestalt gehören zu den häufigsten Störungsbildern, die uns im ausgehenden zwanzigsten und beginnenden einundzwanzigsten Jahrhundert im klinischen Alltag einer psychotherapeutischen Praxis sowie beim Coaching in den Führungsetagen vieler Unternehmen begegnen.

Auswege aus der narzisstischen Falle sind freilich nicht dort zu suchen, wo wir versuchen, alles noch besser alleine zu tun oder dort, wo wir unsere grandiose Selbstbezüglichkeit mit Autonomie verwechseln.

Auswege aus der narzisstischen Falle gibt es dort, wo wir in wertschätzender Anerkennung eigener und fremder Beziehungsbedürftigkeit uns wieder auf den Weg zum Du machen. Dort, wo wir uns öffnen für die Erfahrung lebendiger Ich–Du–Beziehung bei allem Aufwand und bei allem Risiko, die dieses Unterfangen stets in sich trägt.

Die Bewegung zum Du ist die essentielle Voraussetzung der Freundlichkeit. Auf diese Bewegung zum Du kommt es an, wenn wir uns freundlich begegnen wollen und wenn wir erwarten, dass man uns in ähnlicher Weise begegnet.

Durch diese Bewegung zum Du gelingt es, ...

• andere Menschen für sich zu gewinnen,
• langfristige Bindungen aufzubauen und zu erhalten,
• Beziehungen befriedigend zu gestalten.

Denn: „Freundlich währt am längsten."

"Der Mensch ist, was er denkt.
Was er denkt, strahlt er aus.
Was er ausstrahlt zieht er an."

(Verfasser unbekannt)

Anhang

Meridianpunkte
für die Klopfakupunktur

In der jahrtausendealten Traditionellen Chinesischen Medizin (TCM) werden Gesundheit und Krankheit unter energetischen Gesichtspunkten betrachtet. Alle Störungen des Organismus – so auch Stress und Trauma – hinterlassen ihre Spuren im Energiesystem des Körpers, das heißt: sie beeinträchtigen den Fluss der Lebensenergie und damit die Lebensqualität.

Je früher eine solche Störung erkannt und behandelt wird, desto weniger entsteht für den Organismus die Notwendigkeit, eine manifeste Krankheit entwickeln zu müssen, um darauf aufmerksam zu machen, dass mit ihm etwas nicht stimmt. Demzufolge ist es der TCM seit jeher daran gelegen, nicht erst zu reagieren, wenn ein Patient erheblich erkrankt, sondern im Feld der Gesundheitsvorsorge vorbeugende Maßnahmen zu ergreifen.

Die Akupunktur-Meridiane, auch Leitbahnen genannt, sind die Kanäle, durch die die Lebensenergie mehr oder weniger dicht unter der Körperoberfläche fließt. Da die von der chinesischen Erfahrungsmedizin angenommenen Leitbahnen anatomisch nicht nachweisbar sind, gehen neuere medizinische Hypothesen davon aus, dass es sich dabei um sog. „Photonen-Leitbahnen" handelt.

Auf zwölf Hauptmeridianen und zwei außerordentlichen Meridianen, die Funktionskreisen bzw. Organen zugeordnet sind, befinden sich mehr als 350 reguläre Akupunkturpunkte.

Die Stimulation dieser Punkte regt das Energiesystems an und setzt entsprechende Heilimpulse, deren Wirkung stets in einem psychosomatischen Gesamtzusammenhang zu verstehen ist.

Traditionell erfolgt die Stimulation dieser Akupunkturpunkte, indem der Akupunkteur die betreffende Person „nadelt", das heißt: feine Nadeln in die entsprechenden Meridian- oder Akupunkturpunkte sticht. Ebenso können die Meridiane durch Klopfen und Kneifen der Punkte angeregt werden.

Durch rhythmisches Klopfen – oder auch „tapping" genannt – mit einem oder zwei Fingern auf geeignete Akupunkturpunkte, können wir einen Energieausgleich herbei führen und die verlorene gegangene Balance unseres Energie-Systems wieder herstellen.

Deshalb nutzt ROMPC® unter anderem auch die Techniken der Klopfakupunktur und stimuliert durch Klopfen spezifische Punkte der Meridiane. Dieser Behandlungsansatz beschränkt sich dabei im Unterschied zur TCM auf je einen gut zugänglichen Punkt pro Meridian, was die Behandlung erheblich vereinfacht.

Die Beschränkung auf im wesentlichen 14 Meridianpunkte reicht für eine ROMPC®-Behandlung vollkommen aus, um im Sinne der Entkoppelungstechniken des ROMPC® die Stress- und Trauma-Blockaden des limbischen Systems zu lösen.

Im Folgenden stelle ich Ihnen die Akupunkturpunkte vor, auf die Sie innerhalb einer ROMPC®-Behandlung zugreifen können – abhängig davon, von welchen Themen und Störungsbildern Sie angesichts Ihrer Stressreaktionen betroffen sind.

Neurolymphatische Reflexzone (NLR)
Widerstand gegen Veränderung auflösen

Thymus (THY)
*Energieniveau heben, Stress-Toleranz erhöhen,
Lebensmut stärken*

Augenbraue (AB) - Blasenmeridian
Ruhelosigkeit, Ungeduld, Kränkung loslassen

Augenwinkel (AW) - Gallenblasenmeridian
Wut, Jähzorn loslassen

unter dem Auge (UA) - Magenmeridian
Angst, Panik, Ekel, Gier, Verbitterung loslassen

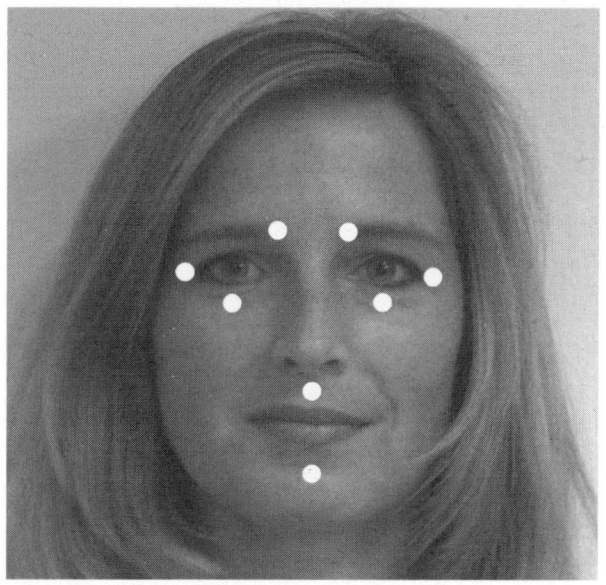

unter der Nase (UN) - Gouverneursgefäß
Verlegenheit, Unsicherheit, Ratlosigkeit loslassen

unter der Lippe / Kinn (UL) - Konzeptionsgefäß
Scham, Peinlichkeit loslassen

Schlüsselbein (SC) - Nierenmeridian
Ambivalenz, Unentschiedenheit loslassen

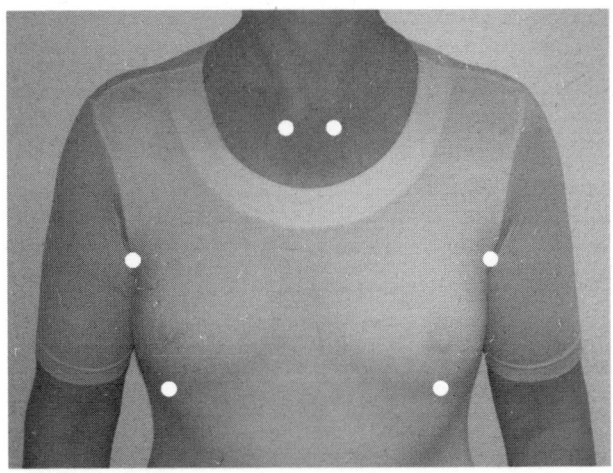

unter dem Arm (AR) - Milzmeridian
mangelndes Selbstvertrauen loslassen

unter der Brust (UB) - Lebermeridian
das Gefühl, unglücklich zu sein, loslassen

Daumen (DA) - Lungenmeridian
Verachtung, Intoleranz loslassen

Zeigefinger (ZF) - Dickdarmmeridian
Schuldgefühle loslassen

Mittelfinger (MF) - Perikardmeridian
Eifersucht, Bitterkeit loslassen

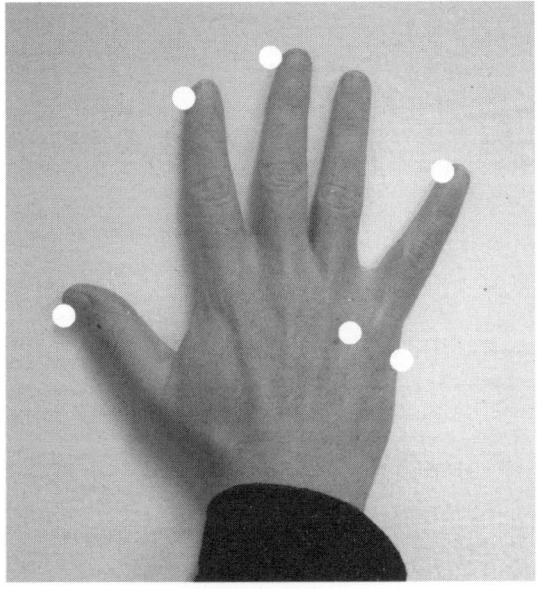

Kleiner Finger (KF) - Herzmeridian
Ärger, Wut, Zorn loslassen

Handkante (HK) - Dünndarmmeridian
Traurigkeit, Sorgen Zögerlichkeit loslassen

Gammutpunkt (G9) - Schilddrüsenmeridian
Depression, Verlassenheit. Ohnmachtsgefühle loslassen

Literatur zum Thema

Bauer, Joachim
Warum ich fühle, was du fühlst.
Intuitive Kommunikation und das Geheimnis
der Spiegelneurone
München 2006

Birklbauer, Walter
Warum Lach-Yoga?
Eine neurologische Perspektive
Norderstedt 2008

Buber, Martin
Das Dialogische Prinzip
Heidelberg 1984, 5. Aufl.

Buber, Martin
Ich und Du
Heidelberg 1997, 13. Aufl.

Erskine, Richard G.
Script Cure:
Behavioral, Intrapsychic, and Physiological,
in: Transactional Analysis Journal 10, 102–106
San Francisco 1980

Erskine, Richard G.
Trautman, Rebecca L.
Methods of an Integrative Psychotherapy,
in: Transactional Analysis Journal 26, 316–328
San Francisco 1996

Grawe, Klaus
Neuropsychotherapie
Göttingen u. a. 2004

Hüther, Gerald
Bedienungsanleitung für ein menschliches Gehirn
Göttingen 2005, 5. Aufl.

Hüther, Gerald
Biologie der Angst.
Wie aus Stress Gefühle werden
Göttingen 2005, 7. Aufl.

Kohut, Heinz
Narzissmus.
Eine Theorie der psychoanalytischen Behandlung
narzisstischer Persönlichkeitsstörungen
Frankfurt/M. 1983, 4. Aufl.

Moberg, Kerstin U.
The Oxytocin Factor.
Tapping the Hormone of Calm, Love and Healing
Cambridge 2003

Palos, Stephan
Lebensrad und Bettlerschale.
Buddha und seine Lehre
München 1968

Weil, Thomas
Endlich frei von Stress.
Innere Blockaden lösen mit ROMPC®
Kreuzlingen / München 2006

Weil, Thomas
Erfurt-Weil, Martina
Dodner, Thomas F.
Erfolgs-Ansichten.
ROMPC® in Bildern
Kassel 2008

Zehentbauer, Josef
Körpereigene Drogen.
Die ungenutzten Fähigkeiten unseres Gehirns
Düsseldorf, Zürich 2004, 4. Aufl.

Weiterführende Informationen zu ROMPC®

ROMPC® steht für „Relationship-oriented Meridian-based Psychotherapy, Counselling and Coaching".

ROMPC® ist ein neuropsychologisches bzw. neuropsychotherapeutisches Verfahren zur ...

- Stressreduktion und
- Überwindung posttraumatischer Belastungsstörungen.

ROMPC® wurde seit dem Jahre 2000 vor dem Hintergrund der modernen Erkenntnisse der Hirnforschung konsequent zu einem integrativen Therapie-, Beratungs- und Coaching-Ansatz weiter entwickelt und findet derzeit in zahlreichen therapeutischen und außertherapeutischen Feldern Anwendung – zum Beispiel:

- bei Ängsten und Panikattacken
- bei Phobien
- bei Schlafstörungen
- bei Schmerzzuständen
- bei Burn-Out-Syndrom
- bei Suchterkrankungen und anderen psychosomatischen Krankheitsbildern
- bei ADS und ADHS
- in der Krisenintervention
- in der Trauerbegleitung
- im Bereich des Sports mit dem Ziel, die Leistungsfähigkeit zu optimieren
- in der Schule, um Lernstörungen aufzuheben
- in der Entwicklung von Führungskräften, um deren Flexibilität zu fördern und Handlungsspielräume zu erweitern

- im Verkaufstraining, um Erfolgsblockaden der Verkäufer zu überwinden
- im Umgang mit Beschwerden und Reklamationen von Kunden
- im Management von Konflikten
- bei Rede-, Auftritts-, Flug- und Prüfungsängsten

Immer dann, wenn es darum geht, ...

- Stress-, Trauma-, Lern- und Erfolgs-Blockaden aufzulösen,
- Abstand von emotionalen Belastungen der Gegenwart und der Vergangenheit zu gewinnen,
- wieder handlungsfähig zu werden,

dann leistet ROMPC® wertvolle Hilfe.

Weitere Informationen über ROMPC® finden Sie im Internet:

- zentrale ROMPC®-Informationsseite
  www.rompc.de
- ROMPC®-Institut Kassel
  www.rompc-institut.de
- ROMPC® im Business
  www.freethelimbic.de
- ROMPC® für Therapeuten
  www.rompc-therapie.de
- ROMPC® für Coaches und Trainer
  www.rompc-coaching.de
- ROMPC® Online-Shop
  www.rompc-shop.de

Der Autor

Thomas Weil

Jahrgang 1953

Organisationsberater, Coach und
Managementtrainer

ROMPC®-Therapeut, – Berater, –Coach
ROMPC®-Ausbilder

Theologe

Heilpraktiker/Psychotherapie
European Certified Psychotherapist (ECP)

Lehrender Transaktionsanalytiker

Ausbildungen in Transaktionsanalyse,
Gestalttherapie, Hypnotherapie und
verschiedenen körpertherapeutischen
Verfahren

Leiter des ROMPC®-Instituts Kassel

Geschäftsführender Gesellschafter der
FREE THE LIMBIC Consulting GmbH Kassel

Inhaber der MEW Medienedition Weil e.K. Kassel

www.rompc-institut.de
www.freethelimbic.de

Endlich frei von Stress.
Innere Blockaden lösen mit ROMPC®

In diesem Buch gibt Thomas Weil eine fundierte und allgemein verständliche Einführung, wie ROMPC® funktioniert und wie diese Methode angewendet werden kann.
So lernen Sie, Ihre Ängste und Zweifel zu überwinden – damit innerer Stress gar nicht erst ein unerträgliches Ausmaß erreicht.
Unrealistische Selbstansprüche, mangelndes Selbstvertrauen, erlittene Kränkungen und Verletzungen und allgemeine Ängste setzen in uns eine Stress-Spirale in Gang, die uns innerlich blockiert. Es ist schwer, einen Ausweg aus diesem inneren Stress zu finden, der unseren Körper und unseren Geist belastet.

Thomas Weil entwickelte ein innovatives Verfahren, das dabei hilft, Stress zu bewältigen und innere Blockaden zu lösen: ROMPC®.
Es handelt sich dabei um ein effektives Verfahren zur Stressbewältigung und in der Traumatherapie. Klopf-, Atem-, Affirmations- und andere Entkoppelungstechniken helfen beim Lösen von inneren Blockaden, die durch Stress, Ängste und Zweifel ausgelöst werden. Der Autor zeigt, wie Sie mit innerem Stress richtig umgehen und seine Auslöser auflösen: damit Ihr Leben in Zukunft frei von Stress und Sorgen ist.

MEW Medienedition Weil e.K.
www.rompc-shop.de

Thomas Weil,
Martina Erfurt-Weil,
Thomas Dodner,
Erfolgs-Ansichten. ROMPC® in Bildern

Wer wünscht sich nicht, erfolgreich zu sein! Erfolg in der Liebe. Erfolg im Beruf. Erfolg im Leben überhaupt. Erfolg scheint der Garant für lebenslanges Glück zu sein.

Mit ihrem Buch Erfolgs-Ansichten stellen Ihnen Thomas Weil, Martina Erfurt-Weil und Thomas F. Dodner, die über langjährige Berufserfahrung in den Feldern Coaching, Beratung und Training verfügen, Erfolgsmodelle in Bildern und Texten vor. Viele Coaching- und Beratungs-Klienten sowie die Besucher von Trainingsworkshops haben sich in der Vergangenheit von diesen Modellen auf ihrem ganz persönlichen Weg zum Erfolg leiten lassen. In dem Bemühen, erfolgreich zu sein, stehen sich viele Menschen durch Selbstsabotage-Muster selbst im Weg. Diese Muster sind erlernt und meist nicht einmal bewusst. Hier erfahren Sie, wie Sie Ihre Verhinderungs-Strategien erkennen und verändern können. Die Übungen des ROMPC®, eines innovativen Verfahrens zur Stress-Reduktion, helfen Ihnen darüber hinaus, sich von Ihren Blockaden auch innerlich zu lösen und wieder an sich selbst zu glauben.

MEW Medienedition Weil e.K.
www.rompc-shop.de

Thomas Dodner,
Neue Wege zum Ich.
Ein Praxisbuch zur persönlichen Weiter-
entwicklung. Mit ausgewählten Fallbei-
spielen zu ROMPC®

Thomas F. Dodner und sein erfahrenes Trai-
nerteam laden Sie ein auf einen neuen Weg
zu Ihrem ICH. Die Reise auf dieser Wegstre-
cke wird Sie zur Akzeptanz Ihrer selbst führen. Mit all Ihren Stärken und Schwächen.

Entsprechend der Philosophie des ROMPC®
nehmen die AutorInnen, die Sie auf dieser
Reise begleiten werden, den ganzen Menschen und seine Beziehungsbedürfnisse in
den Blick: Die einfach nachzuvollziehenden
lebenspraktischen Angebote werden durch
eine leicht verständliche Darstellung der
jüngsten Erkenntnisse der Hirnforschung
wissenschaftlich untermauert.

Die TrainerInnen veranschaulichen diese Ein-
sichten durch Fallbeispiele, die sie aus ihrer
jahrzehntelangen Berufserfahrung gewonnen
haben. Und diese Beispiele werden Sie auch
persönlich ansprechen: So können Sie sich
selbst und Ihr ICH in diesem Buch wieder
finden. „Neue Wege zum ICH" ist ein Buch
aus der Praxis, für die Praxis: Ein Buch, das
neue Weichen stellt. Begeben auch Sie sich
auf diese lohnende Reise!

MEW Medienedition Weil e.K.
www.rompc-shop.de